AF285177

Paranormale Träume zeigen uns die Zukunft der Menschheit

Prophezeiungen

von

Maria Sand

Bibliografische Information der deutschen
Nationalbibliothek:

Die deutsche Nationalbibliothek verzeichnet
diese Publikation in der deutschen
Nationalbibliografie; detaillierte
bibliografische Daten sind im Internet über
http://dnb.dnb.de abrufbar

© Herstellung und Verlag: BoD — Books on
Demand, Norderstedt

ISBN 9783752896480

Fast alle hier vorgestellten Träume stammen aus meiner Traumsammlung, die ab dem Jahr 2000 jahrelang im Internet frei zugänglich war. Jeder Traum wurde von mir an dem Tag veröffentlicht, an dem ich ihn geträumt hatte. Meine Traumsammlung war den Skeptikern bekannt, sie lehnten es aber leider ab, sie auch zu überprüfen.

Dieses Buch enthält Prophezeiungen, die in Träumen enthalten sind. Skeptiker bekritteln, paranormale Träume würden immer erst veröffentlicht, nachdem das vorhergesehene Ereignis eingetroffen sei. Deshalb könne man sie als Beweis nicht akzeptieren. Hier biete ich den Interessierten, aber auch den Skeptikern und allen Wissenschaftlern die für Neues offen sind, die Möglichkeit, Träume die Voraussagen enthalten, schon vor einem Ereignis zu lesen.

Im Gegensatz zu den Voraussagen des Nostradamus sind meine Voraussagen allgemein verständlich. Zeitangaben enthalten sie meistens leider nicht, dafür Angaben über den Ort. Man könnte sie aber in einen logischen Zusammenhang setzen und zumindest teilweise eine Chronologie der kommenden Ereignisse erarbeiten.

Meine Träume haben in gewisser Weise auch mit Nostradamus zu tun. Immer wenn ich mich mit Nostradamus beschäftige, habe ich mehr Träume von bevorstehenden, wichtigen Ereignissen.

Nostradamus wollte nicht Menschen vor Ereignissen warnen. Er wollte beweisen, dass die Zukunft bereits festgelegt ist. Ich führe seine Beweisführung fort.

Träume von zukünftigen Ereignissen hatte
ich schon als Kind. Nicht sehr oft, aber
doch hin und wieder. Als ich begann mich
aktiv zu konzentrieren und zu meditieren,
wurden solche Träume häufiger. Es dauerte
aber einige Zeit bis ich selbst davon
überzeugt war, dass meine Träume die
Zukunft zeigen. Nicht bloß Ereignisse in
meinem unmittelbaren Umfeld, sondern auch
solche in weiter Zukunft. Anfangen konnte
ich damit damals nicht viel, eher war ich
erstaunt. Manchmal erschreckten sie mich
auch, weil ich vieles auf mich bezog, was
mit mir gar nichts zu tun hatte.
Schließlich glauben wir uns in fast jedem
Traum als handelnde Person zu erkennen. In
Wahrheit ist das aber meistens nicht der
Fall. Wir sind bloß Zuseher.

Manche Träume drücken sich anders aus als
wir es gewohnt sind. Offenbar bedeutet: in
einem Jahr, innerhalb eines Jahres.

Es kommt auch vor, dass sich Träume in
anderer als der erwarteten Weise erfüllen.
Ein Traum erzählte z. B. von einem armen
Gebiet in Russland. Dort würden die
Menschen Dosen mit Hundefutter zu essen
bekommen. Dieser Umstand führte zu dem
falschen Schluss, es handele sich um ein
Szenario in ferner Zukunft. Wie sich heraus
stellte erfüllte sich dieser Traum relativ
bald. Allerdings anders als ich gedacht
hatte. Ein Befehlshaber gab seinen Soldaten
Hundefutter zu essen. Es kann deshalb sein,

dass sich manche hier veröffentlichte
Träume auch auf eine Weise erfüllen, die
etwas überraschend sind.

Alle meine Informationen die Zukunft
betreffend, stammen ausschließlich aus
meinen Träumen. Es handelt sich um
Botschaften, die meistens innerhalb eines
Traumgeschehens auftauchen. Man muss sie
erst freilegen.

Bei manchen Träumen habe ich fast den
ganzen Traum erzählt, bei anderen aber nur
die unmittelbare Botschaft. Man kann sich
durch diesen Vergleich ein besseres Bild
davon machen, wie unsere Träume sich
ausdrücken.

Wenn sie Genaueres über paranormale Träume
wissen wollen, lesen sie mein Buch: Die
Intelligenz der paranormalen Träume, bei
BoD erschienen. In diesem Buch erkläre ich
meine Theorie anhand von mehreren Träumen.

Fast alle hier veröffentlichten Träume
finden sie auch in meiner Traumsammlung,
die derzeit bei LULU zu finden sind. Es
handelt sich um mehrere Bände mit Träumen
ab dem Jahr 2000 und einige Träume aus dem
Jahr 1997.

DIE VORAUSSAGEN

Traum vom 28.11.2008

Ich sah zwei seltsame Tiere. Es waren neu
gezüchtete Tiere, vermutlich durch einen
Fund und genetische Wiederherstellung
entstanden. Also eigentlich vorsintflutlich
und ausgestorben. Es waren - glaube ich -
Wollschildkröten, denn sie hatten einen
Panzer, aber wolliges, helles Haar darüber.
Die beiden kuschelten sich aneinander und
krochen dabei halb in den Panzer des
anderen hinein.

Traum vom 25.09.2008

Es ging um einen Mann der etwas aus einem
Gewebe schuf, das er eigentlich hätte
vernichten sollen. Es war biologischer
Natur und wahrscheinlich grün, was mich
wunderte. Ob er daraus einen Menschen
schuf, oder ein Tier, weiß ich nicht mehr.
Jedenfalls war der Vorgang außergewöhnlich,
aber verboten.

Traum

Man hörte menschliche Stimmen um Hilfe
rufen. Wahrscheinlich waren die Menschen in
den Pflanzen. Das hatte mit Gentechnik zu
tun.

(Was wollen diese Träume sagen?
Wissenschaftler werden versuchen verbotene
Experimente zu machen, von denen niemand
Kenntnis hat. Menschen werden natürlich

nicht direkt in den Pflanzen sein, aber
ihre Gene.)

Traum

Eine Landschaft. Das Getreide wuchs, war
aber unfruchtbar. Man hörte keine Insekten
summen, alles war gespenstisch still. Die
Folge war eine Hungersnot in dieser Gegend.
Man hatte die Pflanzen genetisch verändert.

Traum

Vögel waren genetisch verändert worden. Die
Vögel schienen sich nicht mehr Artgenossen
zu nähern und sie wirkten dumm und dumpf.
Wahrscheinlich waren sie gezüchtet worden,
damit sie den Menschen nicht nahe kommen.

Traum

Wissenschaftler hatten durch genetische
Manipulation ein Mischwesen zwischen Mensch
und Rind geschaffen. Es wies Merkmale
beider Spezies auf, hatte aber das
Bewusstsein eines Menschen. Trotzdem
brachte man es in einen Stall, weil es
körperlich zu massiv war, um es in einer
normalen Wohnung zu halten.

(Es fällt auf, dass diese Träume immer
wieder auftauchen, auch wenn sie variieren.
Offenbar ist die Gefahr groß, die durch
Gentechnik entsteht.)

11

Traum

Wir waren zu einem Geschäftszentrum, ähnlich einem orientalischen Bazar gegangen. Dort sahen wir ein Tier, das eine Schimäre zu sein schien. Jemand experimentierte und schuf aus dem Erbmaterial der Saurier neue Tiere. Auch alte Insekten wurden neu erschaffen. Sie waren riesig, weil sie genetisch verändert worden waren. Eines dieser Tiere ging auf zwei Beinen. In einer fremden Sprache stand daneben "Bissig!" Ich wollte es streicheln. Plötzlich stand M da und schrie: "Kannst du nicht lesen?" Ich sagte: "Nein!" Das konnte ich nicht lesen, weil es in einer fremden Sprache war, die ich nicht lesen konnte.

Traum

In einem Aquarium wurde ein besonderer Wurm ausgestellt, für den sich viele Leute interessierten. Offenbar war er etwas Besonderes, Außergewöhnliches.

Traum vom 25.9.2008

Jemand plante einen Anschlag mit etwas Flüssigem, das sich in einem Glasrohr befand. Wie groß es war weiß ich nicht. Es könnte ganz klein, aber auch sehr groß gewesen sein. Ich sah einen LKW fahren, auf dem es sich befand. Im Traum wusste ich was

das war, oder zumindest wie es reagierte.
Vielleicht eine chemische Reaktion? Für
diesen Anschlag sollten andere - wir -
scheinbar als Täter fungieren. Es handelte
sich also um eine Verschwörung. Ich glaube
die Buchstaben CCCP tauchten in diesem
Zusammenhang auf (gemeint SSSR).
Anscheinend war es ein westlicher
Geheimdienst (vielleicht die CIA?) der den
Anschlag verüben wollte, um den Anschein zu
erwecken es seien die Feinde der USA die
Urheber und Ausführenden. Das regte mich
auf und das wollte ich natürlich
verhindern. Deshalb schrie ich laut - ich,
oder wir, seien das nicht gewesen, sollte
sich der Anschlag tatsächlich ereignen.

(Dieser Traum hat sich vermutlich noch
nicht erfüllt. Anschläge gab es zwar bisher
genug, aber ich habe noch nie gelesen, dass
flüssiges Material benützt wurde.
Tatsächlich gab es aber im Jahr 2013 eine
Meldung auf T-online, dass die Al Kaida
eine flüssige Bombe entwickelt habe.)

Traum

Im Iran gab es eine religiöse Gruppe, die
plötzlich enormen Zuwachs erfuhr. Das
schützte die Leute vor den religiösen,
islamischen Fanatikern. Die Gruppe wurde
vom Staat anerkannt. Deshalb durften sich
ihre Mitglieder freizügiger anziehen und
sie durften auch frei denken. Viele
Menschen hatten die Bevormundung durch die
13

islamische Regierung schon satt. Für mich
war das die Lösung all meiner Probleme. Ich
trat dieser Religion bei. Was genau
geglaubt wurde weiß ich nicht mehr. Ich
glaube auch im Traum wusste ich nichts über
sie. Mir war das auch egal, Hauptsache es
befreite mich. Wahrscheinlich hatte ich
zuvor gar nicht gewusst, dass es sie gab.
Die Frauen trugen eine Kopfbedeckung die
wie ein ganz dünner Schleier aussah. Er
hatte die Form eines Schlauchs. Der Stoff
war durchsichtig. Wie eine kleine Haube
setzte man ihn auf, der Rest fiel über den
Rücken hinab.

(Im Traum kommt man wie erwähnt fast immer
selbst vor, auch wenn man in Wahrheit gar
nichts mit der jeweiligen Handlung zu tun
hat. Wahrscheinlich identifiziert man sich
mit irgendeiner Person die diese Handlung
erlebt. Da ich nicht im Iran lebe, handelt
es sich bei der Traumperson um eine fremde
Frau.)

Traum aus dem Jahr 2014

Islamische Kinder lehnten alle möglichen
Dinge ab, weil sie dachten diese seien
unrein. Plötzlich flogen große Mengen
billiger Kugelschreiber auf den Boden,
direkt bei einer Straßenbahnhaltestelle.
Sie hatten verschiedene Farben und Formen.
Zuerst dachte ich, die Autos würden über
sie drüber fahren, sobald die Ampel
umschaltete. Dann sah ich, dort durften

keine Autos fahren. Es handelte sich um
einen Gleiskörper. Einige islamische
Jugendliche fragten einander ob sie die
Kugelschreiber nehmen dürften, ob sie
"unrein" wären. Ich musste über diese
Einfältigkeit lachen. "Ihr solltet sie für
die Schule nehmen!", meinte ich, während
ich auch einige einsteckte. Fast niemand
wollte welche haben.
(Dieser Traum erfüllt sich schon. Viele
europäische Jugendliche die Moslems sind,
halten vieles für "unrein". Die
beschriebene Szene wird sich vermutlich
nicht genauso abspielen. Meistens verpackt
der Traum seine Aussage einfach nur in eine
Geschichte.)

Traum vom 29.8.2005
Islamische Extremisten hatten die Macht
ergriffen. (Unklar in welchem Land.) Erst
jetzt zeigte sich, dass etwas was ich
früher gemacht hatte, sich auf mich positiv
auswirkte. Denn aufgrund meiner früheren
Handlung taten sie mir nichts. Ich hatte
sogar einen höheren Status und konnte
andere schützen. Doch es gab eine Grenze.
Sobald diese von jemandem überschritten
wurde, konnte auch ich ihm nicht mehr
helfen. Eine Person war besonders
betroffen. Diese Person stand eigentlich
normalerweise unter dem Schutz dieser
Leute. Doch sie tat etwas, das sie zu
Gegnern machte. Nun versuchten sie diese
15

Person zu töten. Das geschah, indem sie das Wasser indem sie sich gerade befand, unter Strom setzte. Mir geschah nichts, obwohl auch ich im Wasser war. Während dieser Szene sah ich mich selbst, war also ganz sicher jemand anderer. Die neuen Herren wurden von anderen Ländern akzeptiert. Dabei dachte ich an europäische Länder. Das wunderte mich. Sie mussten aber bestimmte Spielregeln einhalten, sonst wären die anderen Länder gegen sie vorgegangen.

Traum

Jemand sagte: "Frankfurt am Main ist die Islamistenhochburg!"

Traum

Jemand sagte: "Man wird den Islamismus auf dieselbe Art bekämpfen, wie früher den Kommunismus. "

Traum

Eine Fluglinie wollte Länder in denen Ganzkörperschleier getragen wurden, nicht mehr anfliegen.

(Beide Träume sind schon älteren Datums. Bisher wurde der Islamismus nur mit Waffengewalt bekämpft. Deshalb ist anzunehmen, dass der Traum noch nicht erfüllt ist.)

Traum

Ich sah eine Szene kurz vor einem Konzert.
Ein Terrorist ging zu diesem Konzert, um
dort einen Anschlag zu verüben. Er zog sich
elegant an um nicht aufzufallen. Alle Leute
waren elegant gekleidet. Es sah aus als
würden sie zu einem klassischen Konzert,
oder in die Oper gehen.

Traum aus dem Jahr 2008

In der Türkei waren die Menschen vor allem
in den Großstädten so arm, dass sie auf der
Straße leben mussten. Medizinische
Betreuung konnten sie sich nicht leisten.
Sie hungerten. Vor allem Männer lebten auf
der Straße. Die Frauen wurden dazu
gezwungen ein Kopftuch aufzusetzen und zu
beten. Doch das war nur Heuchelei, weil man
niemanden zum Glauben zwingen kann. Aus
Protest trugen viele Frauen aber das
Kopftuch auf andere Weise als gefordert.

Traum

Wir trafen E (seine Eltern stammen aus der
Türkei), der kein Kind mehr war, sondern
studierte. (Anmerkung: Jetzt ist er
ungefähr 14 Jahre alt.) Er sah irgendwie
seltsam aus. Lehrer wolle er werden.
Anscheinend studierte er in der Türkei und
wollte dort auch arbeiten. Das ärgerte M.
Er meinte: "Plötzlich wollen alle Lehrer

werden, wer braucht denn so viele Lehrer?
Da bekommst du doch keine Arbeit!" Doch nun
wollte man in der Türkei über alle
Religionen unterrichten. Offenbar war die
religiöse Diktatur am Ende.

Traum

... Da sagte ich: "Ich bin eine Gefangene.
Eine Gefangene der Türkei. Eine Gefangene
von Erdogan!" Ich besserte mich immer aus,
weil mir während ich sprach erst bewusst
wurde, was passiert war. Doch danach
wunderte ich mich erst recht. Die Leute
fragten mich, wieso ich eine Gefangene war.
Darauf meinte ich: "Ich war in der Türkei,
mehr nicht! Die anderen Leute waren auch
nur in der Türkei!" Niemand von uns hatte
etwas verbrochen, man hielt uns ja auch
nicht in der Türkei fest, sondern in
Österreich. Das war mysteriös. Was könnte
denn der Grund sein? Das wusste ich nicht.
Krampfhaft dachte ich nach. Dann wurde mir
klar, man wollte uns als Zeugen haben.
Wahrscheinlich würde man uns so lange
festhalten bis wir bereit waren, als Zeugen
auszusagen. Was sie hören wollten war mir
nicht klar. Würde man uns ewig festhalten,
falls wir nicht das Gewünschte aussagen
würden? Wir waren alle in der Türkei
Ausländer, vielleicht waren alle
Österreicher.

(Manche Träume lassen erkennen, dass ich
nicht genau verstanden habe was mir der

Traum sagen wollte. Vielleicht weil das was geschehen wird, total ungewöhnlich ist.)

Traum

In der Türkei wurden Touristen als Geiseln festgehalten. Damit wollte man Druck auf die anderen Staaten ausüben.

Traum vom 17.10.2001

Wir waren wahrscheinlich in der Türkei. Viele Leute wurden festgenommen und in Autos abtransportiert. Das passierte uns auch. Draußen herrschte Chaos. Man hörte Schüsse. Da stiegen die Bewacher aus den Autos und kämpften mit. Ich sah einen scheinbar harmlosen Zivilisten, der eine kleine Pistole zog und einige Leute erschoss. Ein Hubschrauber stürzte ab und traf uns beinahe am Kopf.

Traum aus dem Jahr 2011

Wir waren in der Türkei. Dort gab es ein großes Bergmassiv und sehr viele alte, aber auch einige neue Bauten. Viele reiche Leute lebten dort. Sogar im Hotel hatte man Abteilungen für reiche und für normale Leute. Die Landschaft war beeindruckend. Wenn man von der Hotelanlage ins Land schaute, sah man Ländereien, die von reichen Ausländern gekauft worden waren.

Vielleicht weil es dort so schön war,
vielleicht weil es dort so billig war. Ich
dachte nach, ob sich das lange halten
würde, oder ob die Leute wieder alles
verlieren würden, weil sich die politische
Lage gerade änderte.

(Das könnte bedeuten es wird wahrscheinlich
für Ausländer in der Türkei schwer werden,
sich Grund und Boden zu kaufen.)

Traum

Als ich an unserem Urlaubsort in der Türkei
spazieren ging, kam ich zu einer Kirche.
Die Leute dort sagten: "Jesus Maria!" Da
wusste ich, sie waren Christen. Offenbar
gab es jetzt wieder viele Christen in der
Türkei.

Traum

Es hatte einen arabischen Putsch in einem
christlichen Land gegeben. Vielleicht war
es auch ein islamistischer Putsch. Etwas
ähnliches war noch nie zuvor passiert.
Wahrscheinlich in Argentinien. Eine Frau
die Sandra oder Sabine hieß, stand dazu in
einer nicht näher erklärten Beziehung. Alle
Leute waren perplex. Damit hatte niemand
gerechnet. Ich dachte, das neue Regime
werde sich nicht lange halten. Aber es war
ein bedrohliches Zeichen.

20

Traum

In einer europäischen Stadt hatten
islamische Fanatiker eine Bombe gelegt.
Dadurch bekamen sie in Teilen dieser Stadt
einen besonderen Einfluss. Nun drohten sie,
noch mehr Bomben zu legen. So lange bis ihr
Einfluss auf die ganze Stadt ausgeweitet
sei. Ich sah eine beängstigende Entwicklung
auf das ganze Gebiet zu kommen. Vielleicht
sogar auf mehrere Gebiete.

Traum vom 5.9.2002

Es gab einen Angriff von Arabern. Es waren
sehr ungebildete Leute. Ob es ein groß
angelegter Angriff war, oder nur von einer
Gruppe, konnte ich nicht feststellen. Es
war aber sicher eine militärische Handlung.
Dadurch nahmen sie an einer Stelle eine
dominante Position ein. Einer meinte, die
Menschen hätten Altäre errichtet und Steine
verehrt, dagegen müssten sie kämpfen. Sie
wollten ihre Gefangenen auf eine Insel
bringen. Ich dachte zuerst an die
Donauinsel, aber das war sie nicht. Sie war
viel kleiner und rund. Dieser Angriff war
nicht auf Dauer von Erfolg gekrönt.

Traum vom 21.9.2002

Jemand machte sich Sorgen weil er dachte,
man wolle Großserbien wieder errichten.
Anscheinend gab es derartige Bestrebungen,

21

wobei Bulgarien irgend eine Rolle spielte.
Wahrscheinlich schlossen sich zwei Gebiete
wieder zusammen, die vorher getrennt
gewesen waren. Serbien stand schon auf dem
Sprung und wollte sich ebenfalls
anschließen, was den ersten Schritt zu
einem Großserbien bedeutet hätte.

Traum

Sowohl die Kroaten, als auch die Rumänen
bildeten innerhalb der EU politische
Blöcke. Dort wählten alle Kroaten zu 100%
gleich. Das erwies sich als schlecht für
die Demokratie.

Traum

Jemand sagte:" Wenn der Reichtum Europas zu
Ende geht, werden gesellschaftliche
Aussenseiter (z. B. Homosexuelle) nicht
mehr toleriert werden - und Frankreich und
Deutschland werden keine Freunde mehr sein.

Traum

Eine Gruppe Menschen unterhielt sich. Ein
Mann sagte: "Ich bin pleite gegangen!" Ein
anderer: "Ich auch!" Es gab offenbar große
wirtschaftliche Probleme in Österreich.

Traum vom 17.11.2001

Die Zeitung der Standard hatte ein arges Minus und musste zu sperren.

Traum

Wir waren in einem Supermarkt einkaufen. Mehrere Personen waren bei mir und liefen geschäftig herum, um alle benötigten Sachen zu holen. Ich hatte nur 100.--€ in der Tasche. Deshalb bat ich sie, sich etwas zurück zu halten. Denn alles war sehr teuer. Man bekam nicht viel für sein Geld.

Traum

Die Bulgaren waren äußerst unzufrieden mit ihrer Regierung. Aber das zeigten sie nicht. Einer sagte etwas über den Brotpreis, da begannen sich alle aufzuregen. Doch "die Stimme des Staates" befahl: "Ruhe!" Die Leute gehorchten - noch einmal - aber wie lange noch?

Traum vom 31.8.2002

Jemand sprach über die Lügen der Leute, die nur so tun würden, als wären sie religiös. Er meinte: "Israel wird bald ein Staat wie jeder andere sein!" (Dort würden die Leute also auch bald nur so tun als wären sie religiös.)

23

Traum

Ein Bub erinnerte sich, in einem früheren
Leben Jesus gewesen zu sein. Er war ein
ganz normaler Mensch gewesen. Von da an
nannten ihn die Juden nur noch Jesus.

Traum

Wir fuhren nach Israel weil es dort Wahlen
gab, weil wir wissen wollten wer die Wahl
gewonnen hatte. Es hatte gerade einen
verheerenden Bombenanschlag gegeben, mit
hunderten Toten.

Traum

Es gab wieder eine Verfolgung von Juden,
obwohl in diesem Land fast keine Juden mehr
lebten. Ich vermutete es sei ein Land in
Europa.

Traum vom 14.3.2003

Mir fiel (im Traum) ein Traum ein, den ich
vor kurzem gehabt hatte. Dabei ging es um
einen Krieg in einem europäischen Land.
Dabei dachte ich an Serbien. Ich dachte,
wenn die Menschheit jetzt auf ein Drittel
ihrer Größe schrumpfen werde, wie das nun
bevor stand, wäre das gar nicht ein so
großer Unterschied. Die Menschen würden
sich sehr schnell wieder vermehren und
schon bald wieder so viele wie jetzt sein.

24

Es würde dann wieder eine benachteiligte Gruppe von Menschen geben (wie bisher die Juden). Ich dachte nach, was für eine Gruppe das sei. Es würde sich ebenfalls um eine religiöse Gruppe handeln. Vielleicht gab es diese Gruppe jetzt noch gar nicht (bei uns).

Traum vom 18.8.2014

Beim Einschlafen fiel mir der Name einer geheimen Organisation ein. Er lautete NIR oder MIR. Es schien sehr wichtig zu ein. (Weil ich keine Brille bei der Hand hatte, konnte ich später nicht mehr genau lesen was ich geschrieben hatte als ich den Traum notierte. Weil ich weiter schlief, vergaß ich dann auch worum es ging. Aber ich glaube es erschien mir enorm wichtig zu sein, sonst hätte ich den Namen nicht notiert. Vielleicht ging davon eine Gefahr aus.

Traum

In Prag gab es einen Aufstand. Ich sah jemanden, der aufgehängt wurde. Wahrscheinlich geschah das ganz offen auf der Straße.

25

Traum

In Athen war es kalt und unfreundlich.
Deshalb ist anzunehmen, dass es nicht
Sommer war. Es gab eine atomare
Verstrahlung, durch einen Vorgang der dort
gerade stattfand. Was genau das war, weiß
ich nicht. Es war hausgemacht, also kein
Anschlag. Mich wunderte, dass draußen
trotzdem viele Leute badeten. Sowohl wegen
der Kälte, als auch wegen der Strahlung war
das seltsam. Es schien in Griechenland
jetzt gefährlich zu sein, als herrsche dort
eine Diktatur. Alles wurde abgehört. Sogar
was man mit einem Gerät ohne Funk spielte,
wurde anscheinend abgehört.

Traum vom 29.10.2014

Jemand meinte, in New York habe man schon
lange keinen Strom mehr gekauft. Den
erzeuge man jetzt selbst - aus Müll. Im
Wasser war dieser Müll. Besonders erwähnt
wurden auch Tomaten in diesem Zusammenhang.
Schließlich kam ich in einen Raum, von dem
aus ich mächtige Berge sehen konnte. Sie
waren weiter weg. "Wenn ich das gezeichnet
habe (damit meinte ich die Zeichnung von
vorhin - sie hatte mit China zu tun) wird
Frau X (Name vergessen) heraus kommen (oder
heraus geschwemmt). Aufmerksam beobachtete
ich den Berg, weil ich dachte dort würde
etwas passieren. Schon wollte ich aufgeben
und mich abwenden - da explodierte eine
Stelle am Berg. Ein riesiges Loch entstand

und daraus floss sehr viel Wasser, wie ein Fluss.

Traum vom 7.5.2003

Es sah aus, als würden sich meine Träume nicht alle erfüllen. Besonders der Traum über Kim Yong Il (Namen stimmen nicht immer ganz, vor allem wenn es sich um Personen handelt die mir nicht bekannt waren) erschien jemandem irgendwie absurd. Doch dann kam eine Meldung die zeigte, dass es große politische Schwierigkeiten zwischen den USA und N-Korea gab. (teilweise erfüllt) Man merkte, dass ein größerer militärischer Konflikt bevorstand. (Der Traum bezieht sich auf einen noch älteren Traum.)

Traum

Gemeinsam mit meinen Eltern und einem befreundeten Ehepaar, sowie deren halbwüchsiger Tochter, waren wir nach Stockholm auf Urlaub gefahren. Ich gehe davon aus, dass es nicht meine realen Eltern waren, sondern fremde Menschen. Der Urlaub endete in einem Desaster. Wir suchten den 10. Bezirk von Stockholm, konnten ihn jedoch nicht finden. Die Leute welche wir fragten, schickten uns immer wieder in eine falsche Richtung. Deshalb irrten wir in einer Gegend umher, die fast nur von Ausländern bewohnt wurde. Es waren

27

Menschen aus der ganzen Welt. Die meisten
waren total herunter gekommen, krank und
lebten auf der Straße. Dort gab es vor
allem Kriminelle, Drogenhändler, Zuhälter,
Räuber und Mörder. Viele hatten offenbar
gefährliche Krankheiten. Der 9. Bezirk war
gleich links daneben, also gingen wir nach
rechts in der Annahme, der 10. Bezirk würde
direkt an den 9. Bezirk grenzen. Statt ins
Stadtgebiet, kamen wir in hügeliges,
bewaldetes, freies Land. Also ging es
wieder zurück ins Ghetto. Das Mädchen war
davon begeistert. Sie wollte sich alles
ansehen. Immer wieder blieb sie zurück. Wir
mussten sehr gut auf sie aufpassen. Einmal
stellte sie sich zu einem Mann, der
offensichtlich krank war. Ich vermutete
eine ansteckende Krankheit, die es bei uns
heute gar nicht mehr gibt. Ihre Eltern und
meine Eltern standen auch dabei. "Greift
ihn nicht an! Lasst euch von ihm nicht
berühren!", schrie ich ihnen zu. Da gingen
sie dann doch weiter.

(Der Traum warnt vor neuen Krankheiten und
Elend in Schweden.)

Traum vor 2000

Im Wienerwald lagerten tschechische
Truppen. Vermutlich handelte es sich um
eine Szene aus dem nächsten, kommenden
Weltkrieg.

Traum

Eine Frau hatte einen Ausländer geheiratet und war mit ihm in sein Land gezogen. Ich glaube das war die Türkei, bin mir aber nicht sicher, weil keine Moslems vorkamen, aber viele Christen. Dort lebte sie unbehelligt, bekam Kinder. Es gab einen Putsch, oder ein ähnliches Vorkommnis. Ihr Mann geriet dadurch in ein schiefes Licht, während die Frau - weil sie Ausländerin war - weiter unbehelligt blieb. Mir waren im Traum die großen Zeiträume bewusst, die zwischen den Ereignissen lagen. Trotzdem erlebte ich sie nicht mit. Es war fast wie in einem Zeitraffer. Viele evangelische Christen waren anwesend. Ich erkannte sie an ihrer Kleidung. Das war irgendwie irritierend , denn jetzt war es extrem unklar, in welchem Land wir uns befanden. Eigentlich hätten wir in einem nördlichen Land sein müssen. Sie war anscheinend katholisch, aber das ist auch eher unklar. Es gab jedenfalls eine Differenz zwischen ihr und den Evangelischen, was die Weltanschauung betraf. Die Kinder schienen überhaupt ohne Religion zu sein. Das störte den evangelischen Priester. Er sprach zu ihrem kleinen Kind von einer Fee. Dabei war er freundlich. Ich sagte zu ihm: "Wissen sie überhaupt was eine Fee ist?" Er antwortete nicht. Als ich ihm zu erklären versuchte, eine Fee sei ursprünglich eine Göttin gewesen, hörte er mir entweder nicht zu, oder er konnte mich nicht hören, weil

29

ich in Wahrheit nicht anwesend war. Das war irgendwie seltsam und ist schwer zu beschreiben. Unbeirrt tat er weiter. In der Hand hielt er einen Zettel, der mit der Fee zu tun hatte. Darüber einen schönen, mit Mustern versehenen, kleineren Zettel. Er redete, doch das konnte ich nicht mehr aufnehmen, weil ich munter wurde. (Was will der Traum sagen? Ich denke er besteht aus zwei Teilen. Der erste Teil spielt in der Türkei und sagt, dass es dort wieder viele Christen geben wird. Was ein anderer Traum ja schon angedeutet hat. Der zweite Teil spielt in einem nordischen Land, in dem es Feen gibt. Vielleicht in Island. Evangelische werden missionieren, Kinder werden entweder ohne Religion sein, oder aber Neuheiden.)

Traum

Ein riesiges Tier, das aussah, als würde es aus Salat bestehen. Vielleicht eine "Salatschnecke". Man konnte ohne Gefahr und ohne dass es dem Tier schadete, Salatblätter davon nehmen und essen. In diesem Zusammenhang ging es um Anbau. Ob da Salat angebaut werden sollte, oder etwas anderes, weiß ich nicht mehr. Plötzlich sagte jemand: "Sie haben Brandbomben eingesetzt!" (gemeint: sie haben auf diese Weise den Boden für den Anbau vorbereitet) Da sah ich wie diese Brandbomben einschlugen und explodierten. Obwohl ich

nicht einmal in der Nähe war. Giftiger
Rauch stieg auf. Auch das sah ich. Jemand
sagte: "Es wird immer ungefährlicher! Der
Rauch zog ab - Richtung (leider vergessen
in welche Richtung, aber ich glaube
Richtung Ozean)". Da sah ich wie eine Frau
an dem Ort stand, an den die giftigen
Wolken gezogen waren. Vor ihr gab es einen
schlammigen Grund, der leicht brodelte.
Darüber wunderte sie sich, denn das hatte
es vorher noch nie gegeben. "Ja, aber nur
für uns!", antwortete ich. Es folgten
Gedanken über das Gift. Wahrscheinlich war
auch bei uns der Boden jetzt vergiftet,
dachte ich. Ich konnte nicht verstehen wie
jemand auf die Idee kommen konnte,
Brandbomben zu werfen.

Traum

Es gab eine Aktion. In diesem Zusammenhang
war von Denver die Rede. Ich bezeichnete
einige Leute als "Ungläubige" und sagte:
"Schließlich gab es zuerst das Christentum.
Also seid ihr die Ungläubigen." (Gemeint
waren die Moslems.) Was für eine Aktion das
war sagte der Traum nicht, aber ich denke
es ging gegen moslemische Fanatiker.

Traum im Jahr 1980

Eine Kiste schwamm im Meer auf die Küste
der USA zu. Deutlich konnte ich das Zeichen
für Atom erkennen. Niemand war in der Nähe,
31

keiner wusste von der drohenden Gefahr. Ob
es sich um einen Anschlag handelte, oder um
einen Unfall, war unklar. Vielleicht war es
auch nur symbolisch?

Traum vom 13.8.2003

Wir warteten auf den Zug und unterhielten
uns mit den Leuten die ebenfalls warteten.
Ein Amerikaner konnte nicht nach Hause
fahren, weil die Reise ein Vermögen
gekostet hätte. Die Kosten waren so hoch,
dass niemand sie hätte bezahlen können.

Traum

Eine Frau tötete einen sehr unbeliebten
Präsidenten und auch noch eine Frau. Danach
tötete sie sich selbst. Niemanden schien
das zu interessieren. Manche freuten sich
sogar über seinen Tod.

Traum

In den USA sprachen fast alle Leute
Spanisch. Das war eine zweite Amtssprache.

Traum

Jemand sagte: Werden die USA oben bleiben?"
Es gab "noch" keine Antwort. Anscheinend
war das noch nicht festgelegt.

Traum

Ein späterer Traum sagte, die USA würden
oben bleiben, Russland nicht.

Traum

Jemand machte große Geschäfte in Europa,
wollte sich aber in Zukunft auf S-Amerika
konzentrieren. Jemand machte ihn darauf
aufmerksam, dass diese Entscheidung
schlecht sei, weil es dort Krieg geben
werde.

Traum

Wahrscheinlich passierte es in den USA.
Etwas das bisher Teil der Erdoberfläche
war, stürzte ein. Dort gab es keine Häuser,
nur freie Natur. Es war auch nicht
sonderlich bewachsen. Im Hintergrund gab es
Berge. Rechts in der Ecke (wie auf einem
Bild) sah ich die Sonne auf oder
untergehen. Es sah ähnlich aus wie in
Anatolien, bzw. wie in den alten Wildwest-
Filmen. Was da einstürzte war sicher
mindestens 100 Meter hoch. Aber ich sah es
wie auf einem Bild und da wirkte es nicht
so hoch.

Traum

Viele Deutsche waren in die USA
ausgewandert, weil sie zu Hause keine

33

Lebensmöglichkeit mehr fanden. Doch auch in
den USA ging es ihnen offensichtlich
schlecht. Das wollten sie nicht zugeben,
man sah es aber deutlich. Wahrscheinlich
waren sie in L.A., denn ich dachte, sie
würden im Freien schlafen.

Traum vor 2000

Eine Frau reiste in die USA. Sie unterhielt
sich mit einer anderen Frau. "Was? Erst 19
Uhr und schon geschlossen? Das wäre früher
nicht möglich gewesen!" Offenbar hatte sich
die Wirtschaftslage dramatisch verändert.

Traum

Wir waren in den USA, in einem Bundesstaat,
der besonders reich war. Die Leute dort
waren ganz anders als in anderen Gegenden.
Sie wollten ihren Staat abtrennen und einen
eigenen Staat bilden, weil ihr Reichtum
abgeschöpft und auf arme Bundesstaaten
verteilt wurde. Viele Leute waren
Deutschsprachig, aber es klang anders als
bei uns wenn sie Deutsch sprachen. Ich
sagte: "Siehst du, dort ist es auch nicht
anders als hier. (Damit meinte ich Europa.)
Irgendwann wird das hier auch beginnen.
(Gemeint, dass sich die USA auflösen
würde.)

Traum

Es ging um den Iran. Die Rede war von "Bolschewiki!" Das hielt ich für einen Irrtum und meinte, das müsse "Menschewiki" heißen.
(Diese Ausdrücke kenne ich zwar, weiß aber nicht was sie bedeuten.) Die Leute lebten dort wie in einem kommunistischen System.

Traum

Einige Deutsche wollten Urlaub an einem russischen See machen. Dort wollte ich nicht hin, weil dort die Kriminalität sehr hoch war.

Traum vom 2.6.2012

Es ging um Roboter die wie Menschen aussahen, oder wie Menschen dachten. Allerdings funktionierte es nicht so wie gewünscht. Wahrscheinlich waren sie zu menschlich in ihrem Wesen.

(2018 - Es gibt bereits Roboter die wie Menschen aussehen. Sie können gestikulieren und ihre Mimik entspricht derjenigen der Menschen. Man will sie perfektionieren.)

Traum

Ein Mann wollte alle Leute töten die an Wiedergeburt glaubten, weil ihm der Gedanke

35

nicht gefiel. (Islamist?) Das betraf auch
mich. Auf einem Hang sah ich ihn stehen. Da
dachte ich plötzlich an Buddha und sagte:
"Großer Buddha, hilf mir!" Dabei war ich
mir gar nicht sicher, ob Buddha mir helfen
konnte. Der Traum wurde nun zu einer
erzählten Geschichte, die ich aber auch
sehen konnte. Jemand sprach im Stil alter,
buddhistischer Geschichten. Der Mann der
alle töten wollte, die an Wiedergeburt
glaubten, stand nun in sich versunken da.
Rund um ihn wuchsen Pflanzen, die er
beobachtete. Jemand hielt einen Zweig.
Diesen führte er vor den Augen des Mannes
herum. Der sah den Zweig eigentlich nicht,
aber die Kraft der Natur. Da vergaß er was
er hatte tun wollen. Die Menschen waren
gerettet.

Traum vom 22.6.2012

Gott war da und packte jemanden zornig am
Hals. Vielleicht war das ich, vielleicht
glaubte ich nur es zu sein. Er war
entsetzlich wütend und er sah wie ein
Mensch aus. Drohend sagte er etwas gegen
die "Ameranis" (es könnte auch Amerantis
geheißen haben), die ihn so ärgerten. Dabei
dachte ich, er meine Amerikaner. Und er
drohte die Welt zu vernichten. Plötzlich
hörte die Welt auf zu atmen! Ich (?)
beschwor ihn es nicht zu tun, doch er stand
weiter drohend da. Es wunderte mich, dass
nicht alles plötzlich starb, denn es war,

als stünde alles still. Es gab auch kein
Geräusch mehr, alles hielt den Atem an.
Wahrscheinlich gab er sein Vorhaben dann
doch auf und beließ es bei der Drohung.

Traum

Jemand sagte, die Selbstreinigungskräfte
der Erde würden jetzt aktiviert werden. Auf
diese Weise wehre sie sich gegen uns
Menschen.

Traum

Bei einem Gespräch ging es um die vielen
alten Leute, die unser Gesellschaftssystem
belasten. Eine Weile hörte ich nur zu, dann
sagte ich: "Es genügt ein aggressiver
Superkeim und das Problem ist gelöst!"
Dabei dachte ich, sprach es aber nicht aus:
Dieser Keim wird sowieso kommen, weil sich
die Natur wehrt.

Traum aus dem Jahr 2009

Es gab eine Szene die mit dem Äquator zu
tun hatte. Ich sagte: "Einige Zentimeter
vom Äquator entfernt!" Gemeint war aber:
"Ein Stück weiter nach rechts auf dem
Äquator (des Globus) sei etwas Wichtiges.
Was das war vergaß ich. Vielleicht hatte es
mit der nächsten Szene zu tun. Ich sah
Fische die durch die Luft flogen. Sie

37

würden sterben. Das war mir klar. Vögel
fielen tot in ein Gewässer, das sich dort
befand. Vielleicht war es ein Brunnen, oder
ein Rinnsal. Ich konnte mir die fliegenden
Fische nicht erklären.

Traum vom 31.10.2012

Es war wie in einem Horrorfilm. Plötzlich
begannen Menschen gegeneinander zu kämpfen
und einander zu töten. Man wusste nie, vor
wem man sich hüten musste. Wir bildeten nur
eine kleine Gruppe, die sich daran nicht
beteiligte. Es war auch schwer jemandem zu
vertrauen, denn auch Menschen die zuerst
freundlich und normal waren, griffen
einander plötzlich an. Diese Menschen
kannten einander gar nicht. Es waren fast
nur noch große Menschen übrig. Ich
verschwand direkt in der Masse der Großen.
Es hatten nur die Erfolgreichsten, also
diejenigen die sich am besten wehrten,
überlebt. Jetzt empfanden sie das
gegenseitige Morden als langweilig. Ich
dachte das sei vielleicht von der Natur so
vorgesehen, damit nur die Großen übrig
blieben und sich weiter vermehrten. Wir
kamen an einer Gruppe Buben vorbei, die
einander bekämpften. Sie töteten einander
aber nicht. Wieder schien das ein Hinweis
auf einen natürlichen Vorgang, ein
angeborenes Verhalten zu sein, welches eine
ganz bestimmte Funktion ausübte.

Traum

Gemeinsam mit einer großen Gruppe war ich am Meer. Wir sprangen ins Wasser. Ich mit dem Kopf voran, doch ich konnte nicht eintauchen. Es war irgendwie fest. Vor allem aber war es extrem warm, fast schon heiß. Schwimmen konnte ich dann doch. Hoffentlich gibt es hier keine Haie, dachte ich. Die Strecke die wir schwimmen mussten war sehr kurz. Überrascht stellte ich fest, dass es auch gar nicht sehr tief war. Schon nach wenigen Metern konnte ich den Boden spüren.

(Vielleicht das tote Meer. Vermutlich eine extreme Hitzewelle.)

Traum vom 27.9.2014

Wir waren in einem seltsamen Gebäude, welches sich in freier Natur befand. Viele Leute waren dort. Vielleicht ein Ausflugsziel. Plötzlich begann die Erde zu beben, wir hörten ein lautes Grollen. Menschen schrien entsetzt auf, wollten ins Freie laufen. Da öffnete sich auf einmal der Berg oben am Gipfel und Dampf und Steine wurden heraus geschleudert. Ein heftiger Vulkanausbruch. Damit hatte niemand gerechnet, weil der Vulkan als erloschen galt. Wir versuchten uns vor den Steinen zu schützen, die auf uns hernieder prasselten. Man wusste nicht was

gefährlicher war - hinaus laufen, oder
drinnen bleiben.

Dieser Traum hat sich erfüllt. Es gab 2
Vulkanausbrüche. Am 28.9.2014 meldete die
Kronen Zeitung auf
http://www.krone.at/421110 *Bei der
Explosion eines kleinen inaktiv geltenden
Vulkans in einem Naturschutzgebiet nahe der
sizilianischen Stadt Agrigent sind am
Samstag zwei Geschwister im Alter von
sieben und neun Jahren ums Leben gekommen.
Der Vater der Kinder konnte sich retten,
berichteten italienische Medien.*

Traum

Der Traum begann mit dramatischen Szenen.
Das Wasser (ich nehme an es war das Meer,
es könnte aber auch ein großes
Binnengewässer gewesen sein) war
aufgewühlt. Feuer drang an die Oberfläche.
Alles in seiner Nähe wurde verbrannt.
Anfangs waren wir in einem spärlich
besiedelten Gebiet. Wahrscheinlich an der
Küste. Wir rannten um unser Leben. Das
Feuer kam fließend immer näher, es regnete
aber auch Feuer vom Himmel herab.
Gleichzeitig fiel echter Regen, doch der
konnte es nicht löschen. Die Menschen
schliefen in ihren Häusern. Also war Nacht.
Sie bemerkten die drohende Gefahr nicht.
Mitten in diesem Inferno versuchten wir sie
zu wecken, während wir gleichzeitig vor dem
tödlichen Brand zurück wichen. Unterwegs
40

fand ich einen Hund, den jemand richtig
gehend eingepackt hatte. Er hatte keine
Chance zu entkommen, weil er sich nicht
bewegen konnte. Es gelang mir ihn zu
befreien. Eine Frau hatte ein kleines
Kästchen bei sich. In ihm befand sich alles
an Wertsachen was wir hatten. Im Traum
kannte ich die Frau, im realen Leben jedoch
nicht. Ich war also nicht ich selbst. Auf
unserer Flucht verlor die Frau das
Kästchen. Das sei unser Start für eine
Zukunft in einer anderen Gegend gewesen,
meinte ich. Ihr war es egal. Man konnte
nicht umkehren, es zu holen. Wer weiß ob es
überhaupt eine Gegend geben würde, in der
man sicher sei. Nichts würde mehr sein wie
bisher. Auch nicht anderswo. Nach einiger
Zeit kamen wir an einen Ort, an dem die
Leute anscheinend besonders gut schliefen.
Das wirkte gespenstisch. Weil das Feuer
sich wieder mehr näherte, überlegten wir,
ob wir sie überhaupt noch wecken könnten.
Vielleicht sollten wir lieber möglichst
schnell weiter. Doch dann versuchten wir es
doch. Die Ruhe die in dem Ort herrschte,
war geradezu gespenstisch. Plötzlich
änderte sich die Bedeutung der Situation,
oder wir begriffen endlich was sich da
wirklich abspielte. Ein Vulkan der sich
unter dem Wasser befand, war ausgebrochen.
Vermutlich ein Supervulkan. Er schuf eine
neue Insel inmitten des Gewässers. Seine
Kraft war jedoch so enorm, dass er nicht
wie sonst üblich auf der Wasseroberfläche

nur wenig anrichten konnte, sondern er
schleuderte die Lava bis weit darüber
hinaus, bis hin zum Festland. Oder bis zu
einer großen Insel. Das ist unklar, es war
jedenfalls Land, welches er in Brand
setzte. Die Hoffnung bestand also, dass es
nicht das Ende der gesamten Welt, in der
Leben existierte bedeutete, sondern nur das
eines bestimmten, aber doch sehr großen
Gebietes. Unsere Überlebenschancen schienen
gering zu sein.

(Dieser Traum hat sich insofern erfüllt,
dass kurz danach ein Vulkan unter Wasser
ausbrach und eine Insel schuf. Das geschah
in der Nacht. Es ist aber so, dass Träume
oft zwar ein naheliegendes Ereignis
aufgreifen, aber eigentlich ein späteres
Ereignis ähnlicher Art, nur schlimmer,
meinen. So gesehen hat sich der Traum noch
nicht erfüllt.)

Traum aus dem Jahr 2008

Ein Mann sagte stolz: "Von hier aus werden
wir die ganze Welt retten!". Ich dachte das
sei der Ort, an dem ich mich gerade
wirklich befand. Ich verstand das so, dass
gerade ein großer Versuch (?) laufe, der
das bewirken sollte. Ich sagte zu ihm: "Du
bist ein Trottel, ihr werdet gar nichts
retten!"

(Gemeint ist, dass alle Versuche, ein
kommendes Unheil abzuwenden, nicht fruchten
werden.)

Traum vor dem Jahr 2000.

Es war Silvester 2000. An einem Tisch saßen
kirchliche Würdenträger und feierten.
Jemand sagte: "Ab dem Jahr 2000 werden sich
die Menschen vermehrt der Religion
zuwenden!"

Traum

In Bezug auf den Islam war ich
hoffnungsvoll und dachte: "Neuer Wein in
alte Schläuche". Doch bald korrigierte ich
es: "Alter Wein in neue Schläuche!" Diese
Religion werde sich nicht ändern.

(Dieser Traum beginnt sich gerade zu
erfüllen. Es gibt Menschen die in dieser
Weise hoffnungsvoll sind. Sie hoffen auf
einen reformierten, europäischen Islam. Der
Traum meinte, das werde sich nicht
durchsetzen.)

Traum aus dem Jahr 2002

Wir besuchten einen Pfarrer in seiner
Kirche. Er dachte ich sei Schwedin. Ich
sollte etwas unterschreiben, was aber für
mich gefährlich gewesen wäre. Als wir den
Text lasen wurde uns klar, dass der Pfarrer

43

ein katholischer Extremist war. Er wollte
mit Feuer und Schwert gegen die Ungläubigen
kämpfen. Dazu brauchte er die Unterstützung
einer größeren Masse. Das Vorbild war für
ihn war der Krieg der Schweden, den er aus
der Geschichte kannte. Vermutlich meinte er
den 30jährigen Krieg.

Traum vom 8.2.2003

Verschiedene Leute waren da, auch Kinder,
Frauen und Mönche. Die Mönche wirkten
allesamt europäisch, ebenso der Dalai Lama,
der auch anwesend war. Sie hatten Familie.
Der Dalai Lama rauchte und es wurde
obendrein auch noch Fleisch serviert. Ich
versuchte den Dalai Lama zu fragen wie
diese neue Lebensart sich mit dem
Buddhismus vertrage, aber wahrscheinlich
kam ich nicht dazu, oder ich erhielt keine
Antwort. Die Leute hier waren alle total
durchschnittlich. An ihnen war absolut
nichts Besonderes, oder Heiliges. Sie
konnten kein Vorbild für den Buddhismus
sein.

(Wahrscheinlich handelt es sich um den
nächsten Dalai Lama.)

Traum vom 16.8.2014

Es gab eine große Demonstration. Wo sie
stattfand weiß ich nicht. Entweder riefen

die Leute einen Satz, oder ich las ihn
irgendwo. Er lautete: Deutschland für die
Deutschen!

(Gemeint ist, es werde sich die Meinung der
Deutschen gegenüber Zuwanderern merklich
ändern. Dieser Traum beginnt sich bereits
zu erfüllen.)

Traum vom 7.1.2016

Anscheinend war ich in Deutschland. Eine
sehr junge Frau jammerte weil sie dachte,
ich würde ihr den Arbeitsplatz wegnehmen.
Das wollte ich aber gar nicht, denn ich war
gar nicht freiwillig da. Im Gegenteil
wollte ich sogar so schnell wie möglich
weg. "Deutschland hat keine Zukunft!",
sagte ich.

Traum vom 3.4.2003

Etwas war geschehen. Es war etwas
Außergewöhnliches. Vermutlich ein Anschlag
gegen die Amerikaner, etwas wie eine
Botschaftsbesetzung, oder ein gefährlicher
Angriff? Ich war total überrascht weil ich
dachte das sei bei uns geschehen. Ich riet
wo es war. Vermutlich war es in Deutschland
geschehen. Jemand saß da, sagte kein Wort
und sah grimmig drein. Entweder dachte die
Person oder sagte: "Ami go home!" Offenbar
gab es eine starke antiamerikanische
Stimmung in Europa.

Traum

Jemand sagte: "Österreich wird ein Vasall
Russlands werden!"

Traum

Von einer Bevölkerungsschicht ging eine
diffuse Bedrohung aus. Das war nicht
wirklich sichtbar und schwer zu erklären.
Plötzlich spürte ich, wie etwas verschoben
wurde, oder ausgetauscht. Dadurch wurde
eine ganze Bevölkerungsgruppe ausgetauscht.
Die Leute die nun an Stelle der alten da
waren, wirkten gutmütig und ungefährlich.
Dieser Vorgang war eine Manipulation und
nicht gesetzlich gedeckt.

Traum

Wir gingen auf einer Straße in unserer
Wohngegend. Ich dachte darüber nach, dass
viele Leute schöne Wohnungen angeschafft
hatten, während ich noch immer in meiner
alten wohnte. Das tat mir erst Leid, doch
dann dachte ich, es mache nichts, weil man
uns sowieso vertreiben werde.

Traum

Wir befanden uns in einer kleinen, alten
Stadt im Grenzgebiet von Österreich und
Ungarn. In einem reich verzierten
Barockhaus waren einige Unterstandslose,

die es besetzt hatten. Das Haus hätte ich
gerne gehabt. Bisher fuhren die
Österreicher nach Ungarn einkaufen. Deshalb
war der Ort total verarmt. Aber das würde
sich bald ändern und dann kämen die Ungarn
nach Österreich einkaufen. Die
Unterstandslosen würde man dann vertreiben.
Der Ort würde dann reich werden und die
Bevölkerung werde dann auch wieder Arbeit
haben. Nur wenige Geschäfte hatten die
Krise überlebt. Daher bestand noch wenig
Anreiz, in diesem Ort einzukaufen.
Hoffentlich würden die Bewohner die neue
Entwicklung nicht verschlafen, dachte ich.

Traum vom 26.4.2011

Es kamen plötzlich immer mehr Leute aus
Saudi Arabien nach Europa, die sich hier
niederlassen wollten. In ihrem Land wollten
sie nicht mehr bleiben. Sie brachten alles
mit, was sie von zu Hause gewohnt waren.
Bis hin zu ihren Bethäusern.

Traum vom 2.12.2000

Weil ich dringend Geld brauchte ging ich
zur Bank. Es stand eine Krisensitzung
bevor. Das sollte es in nächster Zeit öfter
geben, denn viele Banken hatten enorme
finanzielle Probleme. Das Geld solle man
besser nicht auf eine Bank legen, sagte
jemand.

Traum

Jemand sagte: Österreich im Terrorfieber!"

Traum vom 5.7.2004

Selbst reiche Leute verarmten plötzlich in
Österreich, vielleicht in ganz Europa. Sie
versetzten ihre letzten Wertgegenstände.

Traum vom 16. 2. 2002

Eine Europäerin suchte verzweifelt Arbeit.
Sie kam aus Hongkong nach Europa, konnte
aber nirgendwo Arbeit finden, weil überall
Arbeitslosigkeit herrschte.

Traum vom 25.2.2002

Ich fand auf der Karte ein "Vermissten
Spital" in der Schweiz. Darüber freute ich
mich sehr und sagte zu jemandem: "Wir sind
cool!" In der Schweiz und in Österreich
gibt es ein Vermissten Spital und in
Deutschland nicht!" Als ich das jemandem
mitteilte, wurde plötzlich daraus ein
Spital für Sozialhilfeempfänger.

Traum vom 19.1.2004

Im Verlauf eines Gesprächs sagte jemand:
"Jetzt wo es eine Krise im Tourismus

48

Geschäft gibt, fahren die Leute in Gegenden
wo es nicht immer schön ist. Vor allem
Japaner tun das.
(Ich glaube der Traum meint aber indirekt
Österreich, denn dort fährt man nicht mehr
so gerne hin, weil das Wetter nicht immer
schön ist.)

Traum

Meine Kinder waren schon alle aus dem Haus,
da gab es einen rechtsgerichteten Putsch in
Österreich. Ich kannte einen Mann, der
gegen die neue Regierung den Widerstand
organisierte. Er war Ausländer.

Traum

Die Stadt Wien zog sich aus dem
Wohnungssektor total zurück. Deshalb wurden
die Gemeindehäuser an Private verkauft.
Diese Häuser waren ein gutes Geschäft, von
dem man ruhig und unbesorgt leben könne.
Allerdings erklärte ich dem
Gesprächspartner, es sei nicht angeraten
kleinere Häuser zu kaufen, mit denen werde
es schwierig. Dann sah ich die Wohnungen,
die jetzt auch besser als vorher aussahen.
In einer hatte ich früher einmal gewohnt.
Jetzt wohnte ich dort allerdings nicht
mehr. Ich dachte die Entscheidung der
Gemeinde sei schlecht, denn nur durch ihre
Beteiligung daran sei es möglich gewesen,

die positive Entwicklung auf dem
Wohnungsmarkt zu erhalten. Das sei nun
vorbei und die Leute würden darunter
leiden.

Traum vom 9.12.2013

Privat vermietete Wohnungen waren in Wien
billiger als Gemeindewohnungen.

20.10.2013

Es entstand in Wien, vielleicht in ganz
Österreich, eine bedrohliche Situation
voller Chaos. Ich dachte das sei schon der
3. Weltkrieg, von dem ich vor kurzem
geträumt hatte. (Eine Erinnerung an einen
Traum, den ich wirklich vor kurzem geträumt
hatte.) Doch es schien sich eher um etwas
darauf Vorbereitendes zu handeln. Es gab
kein Essen mehr, Menschen wurden getötet.
Besonders gefährlich war es im 16. Bezirk.
Dort hatten sich Serben-Banden gebildet,
die mit Waffen kämpften. Es gelang mir sie
davon abzuhalten, mich zu erschießen.
Einige Leute sah ich sterben.

Traum

Ich sah das Geld in meinen Händen
zerrinnen.

50

Traum

Meine Tochter wollte in eine Gegend in
Niederösterreich ziehen. Davor warnte ich
sie, weil das eine sterbende Region sei.

Traum

In Wien ging ich auf einer Straße
spazieren. Viele Jugendliche kamen an mir
vorbei. Sie wurden geselliger. Die Ursache
dafür war der Zuzug von Japanern, deren
Lebensweise sich auf die junge,
einheimische Bevölkerung übertrug.

Traum

Es waren sehr viele Kölner in Wien. Immer
mehr Norddeutsche zogen in südlichere
Gegenden, also nach Österreich.
(Dieser Traum erfüllt sich bereits.)

Traum

Jemand sagte, viele Leute würden keine
Miete mehr bezahlen. Deshalb würde man
anfangen sie zu kündigen. Es war wie bei
einem Auszählreim, mit dem festgelegt
wurde, wer gekündigt werden sollte.

Traum vom 28.3.2003

Wir wollten in den Lainzer Tiergarten
gehen. Dort gab es eine seltsame,
unbekannte Krankheit. Extrem gefährlich war
sie aber nicht. Dann sagte ich: "Es gibt
derzeit viele neue Krankheiten!"

Traum

Wir gingen die Straße hinauf, die ich von
meinem Fenster aus sehen kann. Zeitweise
kam sie mir wie die reale vor, dann wieder
erschien sie mir fremd. Die Menschen
schienen alle weg zu sein. Nur einen
Arbeiter konnte ich sehen. Auch er hielt
Abstand. Ich hatte ein kleines Kind dabei.
"Da dürfen sie nicht hin!", schrie er mir
zu. "Gehen sie weg, gehen sie!" Anscheinend
war das Gebiet bereits gesperrt worden. Das
hatte ich nicht gewusst. Plötzlich hörte
ich ein dumpfes Grollen. Ein Erdbeben
kündigte sich an. Wir rannten weg.

Traum

Jemand sagte: "Das kann doch nicht sein,
dass es jetzt auch schon in Eisenstadt
Randale gibt!?!"

Traum vom 8.10.2002

Die Leute waren extrem arm. Man hatte mir
schon 3x die Geldbörse gestohlen. Das war
52

verständlich, weil Geld für sie
überlebenswichtig war. Wir trugen ganz
armselige Holzpritschen herum, auf denen
wir schliefen. Vermutlich waren wir in
Österreich.

Traum vom 8.1.2002

Ich befand mich in einer großen Stadt, in
einer Gegend die ich kannte. Es sah ganz
anders aus. Dort gab es eine neue U-Bahn
die erst gebaut worden war und den Betrieb
nun aufnehmen sollte. Plötzlich saß ich im
Auto und fuhr zu einem Trainingsplatz für
Jugendliche. Es handelte sich um eine
faschistische Gruppe, die sich mit einer
arabischen verbündet hatte.

Traum vom 31.8.2002

Ich traf Leute die aus Kärnten, der
Steiermark und dem Burgenland waren. Es
ging um die Beziehungen dieser Volksgruppen
zueinander. Diese waren sehr schlecht. Das
hatte vermutlich auch politische Gründe,
denn sie gehörten verschiedenen Parteien
an. Die Burgenländer waren Sozialisten.

Traum vom 27.9.2001

In unserer Gegend gingen Flüchtlinge herum.
Sie warfen einen weißen Ball immer wieder
über die Straße. Dabei sagten sie etwas an

dem man erkennen konnte, dass sie für die
Türkei und gegen die Kurden waren. Zu ihnen
gehörte ein extrem großer Mann, der
orientalisch wirkte. Wir rätselten woher er
stammen könnte und kamen auf die Idee, er
sei vielleicht Pakistani. Er gehörte
zumindest indirekt zu den Ballspielern.
Die Gegner der Kurden waren auch für Bin
Laden.

Traum aus dem Jahr 2002

Es begann mit Reinhold Messner. Ob der
weitere Traum mit ihm zu tun hatte ist
unklar. Jemand hatte in eine Firma, oder in
ein Produkt investiert. Das hielt er für
ein gutes Geschäft, denn jemand bürgte für
den Gewinn. Er dachte nichts könne schief
gehen. Doch dann änderte sich die
wirtschaftliche Lage. Das hatte zur Folge,
dass er keinen Gewinn, sondern einen
Verlust machte. Die Garantie kam aber nicht
zum tragen, weil der Garant auch pleite
war.

Traum aus dem Jahr 2001

Wir waren entweder in der Tschechei, oder
in der Slowakei. Dort wollten wir einen
Scheck einlösen. Es gab aber kein
vorgedrucktes Formular, deshalb schrieb der
Bankangestellte auf ein normales Blatt
Papier. Jemand sagte: "Wir sind in der
Vorstellung schon gleich wie im Westen,
54

aber sonst nicht. (Also: Nicht in
Wirklichkeit.)

Traum

Hoch oben am Himmel explodierte ein
Flugzeug, dann noch eines und noch eines.
Das konnte ich von zu Hause aus beobachten.
Es war Krieg.

Traum

Ich wusste der Krieg würde nur noch fünf
Jahre dauern. Dann sei das Ende dieser
Leute gekommen, aber das wussten sie nicht.
Deshalb fühlten sie sich stark und sicher.

Traum vom 25.2.2000

Es gab zahlreiche Erdbeben in den
verschiedensten Gegenden. Das hatte eine
globale Ursache. Wenn diese Phase zu Ende
geht, wird es auch bei uns ein schweres
Erdbeben geben.

(Es gab in der Zwischenzeit schon Erdbeben
in Wien, sie waren aber nur leicht. Es gab
keine Schäden.)

Traum ungefähr 1972

Ich war in Österreich. Vor mir lag eine
trostlose Landschaft. Sie wirkte tot, denn

es gab keinerlei Bäume bis Wien, bis auf einen einzigen, der sich in der Nähe von Graz befand.

Traum

Es ging um Jugoslawen und um einen möglichen, wirtschaftlichen Aufschwung in einem bestimmten Gebiet, in dem viele Jugoslawen gelebt hatten. Denn es hieß: "Dieser Aufschwung hätte kommen können, weil viele Jugoslawen in (das Land vergessen) ... waren und dort ihr Geld ausgegeben hatten. Aber nun waren schon zu viele nach Hause zurück gekehrt und deshalb gab es wirtschaftliche Probleme.

Traum vom 8.3.2003

Eine Familie sang laut ein Lied in einer fremden Sprache. Wir waren in Italien. Das einzige Wort das ich erkannte war "Sheitan". Wahrscheinlich waren sie islamische Fundamentalisten, die sich an meiner Kleidung störten. Dann wurde etwas über eine italienische Gegend gesagt und von dem Mann, der dort herrschte. Er wurde abgesetzt.

(Vermutlich ging es darum, dass Islamisten in Italien Einfluss nehmen wollten.)

Traum

In Italien hatte jemand Barrikaden
errichtet. Rebellen hatten sich verschanzt.
Weil wir Österreicher waren, ließen sie uns
gehen. Einer von ihnen war Deutscher. Das
wunderte mich. Ich dachte er werde bald
sterben. Der Mann war sympathisch und
intelligent. Ein anderer Ausländer mit
seltsamem Akzent brachte Unruhe in die
Gruppe. Offenbar hatte man in Italien die
Sklaverei wieder erlaubt. Jedenfalls
befanden wir uns gerade in Italien. Es
könnte aber auch ein anderes Land gemeint
gewesen sein. Vielleicht unter dem Einfluss
von Islamisten.
(Wahrscheinlich vermischte der Traum zwei
Elemente. Aufruhr in Italien und Sklaverei
in islamischen Ländern. Zum Teil hat sich
das insofern erfüllt, als es im
Einflussbereich des Islam Sklaverei gab,
oder gibt.)

Traum vom 9.6.2012

Wahrscheinlich waren wir in England. Sicher
ist das nicht. Jedenfalls handelte es sich
um ein nördlich gelegenes Land in Europa.
Wir waren fröhlich und unbeschwert.
Plötzlich hörten wir seltsame Geräusche von
draußen. Vielleicht waren es Motoren von
großen Flugzeugen. Genau wussten wir das
nicht. Es gab ein Loch, oder ein Fenster,
durch welches wir hinaus sehen konnten. Zu

sehen gab es allerdings nichts. Da sagte
jemand laut: "Der 3. Weltkrieg hat
begonnen!" Gleich darauf drangen bewaffnete
Männer ein und nahmen uns gefangen. Sie
wollten uns an einen anderen Ort bringen.
Offenbar herrschte Krieg zwischen dem Land
in dem wir uns befanden, und dem unseren.
Ob unser Land Österreich war, weiß ich
nicht.

Traum

Ich trat hinaus auf die Lichtung, von wo
aus man über Wien sehen kann. Doch da waren
nur noch Bäume. Jemand sagte: "Wenn du
wieder zurück kommst, wird hier niemand
mehr sein!" Ich dachte meine Wiedergeburt
nach dem 3. Weltkrieg sei damit gemeint.

Traum

Die englische Königsfamilie war verarmt und
musste Führungen in ihren Schlössern für
Touristen machen, um Geld zu verdienen.

Traum

Im Irak war alles zerstört. Wie die Stadt
hieß in der ich mich befand wusste ich
nicht. Aber als ich abreisen sollte fiel
der Name Basra. Man sprach nur Englisch
oder Arabisch. Ich bat jemanden, für mich
zu übersetzen. Er sagte, ich solle mich an

den Mann neben ihm wenden. Dieser sei
Deutscher. Der Deutsche sprach zwar mit
mir, übersetzte aber nicht. Er war ein
Nazi. Hier gefalle es ihm, meinte er, hier
fühle er sich wohl, obwohl alles zerstört
war. Jemand sagte: "Solche wie er es ist,
gibt es jetzt viele hier!"

Traum

In Afghanistan starben kleine Volksgruppen
aus. Mit ihnen die Sprachen. Man setzte ein
Mädchen auf die Kuppel einer Moschee, um
diese so einzuweihen. Eine andere,
fanatisch religiöse Gruppe wurde mit dem
Bau ihrer Moschee nicht fertig. Sie blieb
eine Baustelle.

(Das bedeutet vermutlich, dass sich die
gemäßigte Gruppe durchsetzen wird.)

Traum

Es gab eine internationale
Sportveranstaltung in Afghanistan. Fast
niemand kam. Höchstens 30 oder 40 Personen.
Ich sagte: "Warum macht man so etwas in
Afghanistan? Es ist doch klar, dass niemand
kommen wird."

Traum

Zwei Leute unterhielten sich über Öcalan.
Einer sagte: "Aber der ist doch schon lange
59

tot!" Offenbar war er gestorben, aber die
Öffentlichkeit wurde davon nicht
informiert.

Traum

Ich sah einen riesigen Bildschirm, vor dem
einige Leute saßen. Sie weinten. Offenbar
wurde eine Trauerfeier übertragen. Weil sie
Kurden waren und weinten (seltsamerweise
war es ein christlicher Gottesdienst)
wusste ich, sie trauerten um Öcalan. Er war
verstorben. Mir fiel mein Traum ein und ich
wunderte mich, dass Apo schon jetzt
gestorben war. Nicht wie der Traum
angekündigt am 8.11. Es war erst der 7.11.
in der Früh. Das Jahr wurde nicht genannt.

Traum

Ein Kurde hatte eine kleine Atombombe
gebaut. Sie explodierte in seiner Hand. Ich
konnte sehen wie er durch die Luft
geschleudert wurde. Er wurde getötet oder
zumindest schwer verletzt. Offenbar war er
der Einzige der dabei zu Schaden kam.

Traum

Jemand sagte, "Das kommunistische System
werde in Jugoslawien langsam zugrunde
gehen, aber die PKK wird (als Verein)
weiter existieren.

(Der erste Teil des Traums hat sich bereits
erfüllt.)

Traum

Dort wo wir waren schien die Zivilisation
zu enden. Rundherum war freies, ödes Land.
Jemand sagte etwas davon, dass man
versuche, den direkten Weg zwischen
mehreren Ortschaften (es wurden kurdische
Namen genannt) herstellen zu können. Das
sei nun möglich, da es anscheinend
dazwischen keinerlei Städte oder Menschen
gab. Es sollte sich vielleicht nicht um
eine richtige Straße handeln. Sie sollte
nur geradlinig verlaufen. In der Hand hielt
ich eine kleine Schrift, die in holprigem
Deutsch abgefasst war. Einige Stellen waren
hervor gehoben. Die Schrift enthielt etwas
ähnliches wie eine neue Religion für die
Kurden. Sie verband anscheinend Elemente
von Ron Hubbards Werk mit alten,
islamischen Vorstellungen. Für mich klang
es ziemlich naiv. Schon was den Autor
betraf, hatte ich so meine Zweifel. Der
Name Sem wurde erwähnt. Sie enthielt unter
anderem Prophezeiungen. Vielleicht waren es
aber auch nur Wünsche. Unter anderem wurde
behauptet, die Franzosen würden für die
Befriedung sorgen. Was damit gemeint war,
habe ich vergessen. Der Autor war angeblich
Analphabet und Kurde. Trotzdem war die
Schrift auf Deutsch abgefasst. Das war
alles sehr verwunderlich.

(Wahrscheinlich war gemeint, die Franzosen würden für Frieden in der Region sorgen. Das war entweder eine Prophezeiung, oder eine Hoffnung. Dieser Traum hat sich insofern teilweise erfüllt, als vor kurzem im Fernsehen gesagt wurde, die Kurden würden auf die Vermittlung durch die Franzosen hoffen. So solle es Frieden in der Region Irak und Syrien geben.)

Traum

Es wurde über die PKK gesprochen. Man hatte sie offenbar tot gesagt und die Leute waren überrascht, als man ihnen sagte, sie existiere noch.

Traum

Den Kurden stand ein trauriges Schicksal bevor.

(Dieser Traum hat sich schon teilweise erfüllt. Man denke an Jesiden im Irak und in Syrien, die vom IS getötet und versklavt wurden.)

Traum

Jemand sagte im Erzählton: "...fahren durch das ganze Land Schlägertrupps ... (als ich das hörte dachte ich an Israel, war dann aber überrascht, als der Erzähler fortfuhr "... und Russland versinkt im Chaos!"

Traum

Ich spürte die neuen Differenzen der beiden Gruppen (Amerikaner und Russen). Es war vorhersehbar, dass die Russen eine Diktatur errichten würden.

Traum vor 2000

In einer Zeitschrift hatte man ein Foto von Putin veröffentlicht, auf dem er wie ein Zar gekleidet und gekrönt war.

Traum

Im Zusammenhang mit Atomschmuggel hatte es eine unvorstellbare, ungeheure Sache gegeben. Aber erst wenn es den Leuten im Osten Europas so richtig schlecht gehen wird, wenn sie so richtig verzweifelt sein werden, wird es richtig los gehen.

Traum

Eine kleine Gruppe Menschen baute eine Atombombe. Dafür hatten sie einen speziellen Namen. Jemand wusste etwas darüber und sollte deshalb ermordet werden. Ich glaube mich hätte das Zünden der Bombe direkt betroffen. Deshalb wollte ich unbedingt jemandem davon erzählen, damit der Bau gestoppt wird.

Traum

Meine Kinder waren klein. (Ich war also
nicht ich selbst.) Sie waren in der Nähe.
Plötzlich sah ich eine riesige Sonne. Ich
spürte eine enorme Hitze. Ein
unbeschreiblicher Schmerz durchfuhr mich.
Alles ging so schnell. Ich hatte keine Zeit
mehr, alle Kinder an mich zu drücken. Wir
verglühten.

Traum

Jemand sagte: "Ab dem Jahr 2000 wird man
beginnen, die politischen Einflussgebiete
neu zu verteilen!"

Traum

Jemand sagte: "In 10 Jahren wird die Welt
ganz anders aussehen!"

(Kann bedeuten, innerhalb von 10 Jahren. Ob
das äußerlich gemeint ist, also geologisch,
oder was den politischen Einfluss angeht,
ist unklar.)

Traum

Jemand sagte: "In einem Jahr wird es keinen
Kommunismus mehr geben!"

(Kann bedeuten, innerhalb eines Jahres wird
der Kommunismus verschwinden.)

Traum

Ich war in China und unterhielt mich mit
einem Mann. Er war der erste der gegen das
kommunistische System stand. Der Chinese
hielt in der Hand eine Zeitung, aus der
Wasser rann. Er war ein Zauberer. Bei sich
hatte er eine Raubkatze.

Traum

Jemand sagte: "Jetzt wo China den
Kommunismus zu überwinden beginnt, sollte
sich die kommunistische Partei Österreichs
auch moderater verhalten." Ich war
überrascht, weil ich mir nicht vorstellen
konnte, dass sich in China etwas politisch
verändern würde.

Traum

Viele Chinesen waren arbeitslos. Es gab
auch Probleme mit den Schulen. Ich sah
viele Schulen. Manche gründeten
Partnerschaften mit ausländischen Schulen.

Traum

Ich sagte: "Viele Leute in China wären
froh, eine Wohnung zu finden, denn das ist
nicht gerade leicht" Die Frau sah mich an
und meinte: "China? Wir sind in Osaka!" Der
Irrtum war mir peinlich. "Na, in Osaka
suchen die Leute auch Wohnungen." Dabei

65

wusste ich gar nicht wo Osaka ist. Ich
dachte wir seien vielleicht in Indonesien.
Wo wir wohnten, gab es viele freie Wohnung
und auch freie Geschäftslokale.

Traum

Vielleicht waren wir in Japan. Es gab viele
illegale Einwanderer. Einige Leute
kümmerten sich um sie. Unter den Illegalen
waren auch Afrikaner. Ein Helfer sah auch
afrikanisch aus. Irgendwie sei es ja
verständlich, dass sie in andere Länder
drängten, meinte ich.

Traum vom 1.4.2000

Ich befand mich in einer großen asiatischen
Stadt. Es gab ein Chinatown, aber auch
Gegenden in denen viele Europäer lebten.
Jemand hatte gesagt, in vielen asiatischen
Städten gäbe es Seuchen wie Hepatitis, die
sehr ansteckend seien. Das käme von den
Nahrungsmitteln, dachte ich.

Traum vom 18.5.2004

Jemand sagte: "Es gibt zu wenige Männer!"
Das konnte ich nicht glauben. Gerade kamen
einige große, kräftige Männer an uns
vorbei. Es gab geradezu einen Menschenstrom
mit vielen Männern, der sich an uns vorbei
wälzte.

(Dieser Traum hat sich erfüllt - siehe
Flüchtlingswelle 2015. Dass sich
angekündigte Ereignisse oft erst viele
Jahre später erfüllen können, zeigt dieser
Traum.)

Traum vom 15.3.2000

Ich war in einem russischen Geschäft. Wir
wollten mit Euro bezahlen. Die Ausgabe des
Euro als Zahlungsmittel war verschoben
worden, weil wenige Tage vor dieser
Einführung der Wert des Euro verändert
worden war. Wir hatten aber schon etwas
Bargeld. Der Geschäftsmann akzeptierte es
auch. Dann stieg der Wert des Euro
plötzlich und wir hatten einen großen
Gewinn.

(Dieser Traum hat sich erfüllt. Am 3.1.2001
startete der Euro mit hoher Dotierung,
verlor dann aber ständig an Wert. Nach der
Einführung am 1.1.2002 stieg der Wert
enorm. Am 31.1.2002 fiel er wieder. Über
das Verschieben der offiziellen Zulassung
wurde diskutiert, aber es wurde nicht
gemacht. 7.4.2001 eine Meldung im ORF:
Österr. Firmen können bereits jetzt Bargeld
bestellen, erhalten es noch vor der
offiziellen Ausgabe, müssen es aber erst
später bezahlen. Dieser Traum zeigt auch,
dass auch etwas das sich jemand vornimmt
geträumt werden kann, auch wenn es danach
nicht in die Tat umgesetzt wird.)

Traum vom Dezember 2000

Ich befand mich in einer enorm großen Stadt
in den USA. Weil so viele Menschen um mich
herum waren, fühlte ich mich nicht wohl.
Offenbar gab es Stadtteile, in denen vor
allem Schwarze, oder vor allem Weiße
lebten. Eine Straßenbahn oder ein Zug fuhr
durch die Stadt Richtung "Death Valley".
Dort wollte ich hin. Bevor ich aber
einstieg, flog ich über die Stadt. Viele
Menschen starben. Das erfüllte mich mit
Grauen. Ich flog höher und die Menschen
wirkten nur noch wie Ameisen. Das machte
das Szenarium etwas erträglicher, weil man
nicht mehr so genau sehen konnte, dass die
Toten die überall herum lagen, Menschen
waren.

(Ich gehe davon aus, dass der Traum den
Anschlag vom 11. September 2001 schilderte.
Death Valley dürfte ein Symbol sein.)

Traum vom 29.6.2000

Es gab etwas zu gewinnen was mit Tieren zu
tun hatte. Sowohl Wale als auch Elefanten
kamen dabei vor. Die Wale sollten gerettet
werden. Jemand berichtete bestürzt, man
habe einen toten "Hammerwal" im Meer
gefunden. Etwas Ähnliches sei noch nie
zuvor passiert. In Zukunft würde es oft
passieren, dass tote Wale angeschwemmt
werden, meinte jemand.

(Dieser Traum verwirklicht sich schon.)
68

Traum vom 9.3.2000

Eine breite Straße in Jugoslawien. Viele
Leute gingen dort, manche fuhren in Autos.
Viele junge Leute wirkten fröhlich. Da
sagte jemand: "Jetzt lachen sie noch, aber
schon bald wird es eine Generalmobilmachung
in allen ehemaligen, jugoslawischen Staaten
geben. Auch Frauen wird man einziehen. Da
begann sich der Menschenstrom plötzlich
stärker zu bewegen und die Menschen teilten
sich. Jeder nahm eine andere Abzweigung und
schon bald war die Straße leer. Keiner
wollte mehr etwas mit den anderen zu tun
haben.

(Ich gehe davon aus, dass dieser Traum
einen zukünftigen Krieg beschreibt und
nicht einen vergangenen.)

Traum vor 2000

Manche Träume "erfüllen" sich in dem Sinn
nicht, weil sie vielleicht einen bereits
vorhandenen Zustand erwähnen. Einer dieser
Träume ist folgender: "In der Donau gab es
eine Insel. Dort brachte die russische
Mafia ihre Opfer hin, um sie zu verstecken.
Man nannte die Insel die "Toteninsel". Ich
konnte die Särge sehen. Sie waren aus
Metall und befanden sich unter der
Wasseroberfläche. Auf der Insel sah ich
zwei Männer mit dem Rad fahren. Zeitweise
gingen sie zu Fuß herum. Ich dachte nach,
ob sie die nächsten Opfer sein werden.

69

(Dieser Traum stammt aus einer Traumsammlung die nicht zu der Zeit veröffentlicht wurde, als ich ihn träumte. Damals hatten wir noch kein Internet. Das genaue Datum weiß ich nicht mehr, aber sicher hatte ich ihn spätestens 1997. Ob damit die Donauinsel gemeint war, oder eine andere Insel, (gibt es in der Donau Inseln?) weiß ich auch nicht. Ob jemals die Leichen gefunden werden, falls der Traum die Realität schildert, lässt sich schwer sagen. Solange das nicht der Fall ist, kann man diesen Traum leider nicht auf seinen Wahrheitsgehalt hin überprüfen.

Traum

Es ging um militärische Angriffe und Auseinandersetzungen. Wo das geschah weiß ich nicht. Dabei dachte ich an Russland, war mir aber nicht ganz sicher. Jemand sagte: "Und dann geschah das absolut Paradoxe! Etwas das es in der Geschichte der Kriege noch nie gegeben hatte. Die Verteidiger machten einen Ausfall und zogen an den Angreifern vorbei. Sie gaben diesen so die Möglichkeit, ungehindert einzudringen. Es schien sich um eine Abmachung gehandelt zu haben. Angreifer und Verteidiger hatten sich anscheinend verbündet, damit die Angreifer die Stadt, oder die Stellungen vernichten, oder in ihre Gewalt bringen konnten. Ich dachte:

"Hoffentlich passiert das nicht auch bei uns genauso!"

(Dazu wäre zu sagen, dass ich mich mit militärischen Belangen gar nicht auskenne. Ich würde mich niemals so ausdrücken. Es klingt oft so, als stamme das Gesagte von einem fremden Menschen.)

Traum

Es gab einen sehr trockenen Sommer. Jemand meinte wir müssten froh sein, wenn wir im nächsten Jahr noch etwas zu Essen hätten. Gemeint war, die Trockenheit würde sich fortsetzen.

Traum vom 14.3.2011

Ich sah zumindest zwei Männer in einem hohlen Baum sitzen. Wahrscheinlich war er mit Beton verstärkt. Ich glaube es hatte etwas wie eine Atomkatastrophe ohne Atom gegeben.

(Das war irgendwie verwirrend. Vielleicht wird es einen explosiven Stoff geben, der nicht durch Kernspaltung funktioniert, aber genauso schlimme Folgen hat.)

Traum vom September 2010

Jemand sagte: "Der Komet wird diese Kulturen zerstören. Ich glaube ich dachte dabei an die islamischen Kulturen. Er setzte fort: "Und die europäische dazu!"

71

(Es muss sich dabei nicht unbedingt um einen Kometen handeln. Dabei könnte es sich auch um eine religiöse Erkenntnis handeln.)

Traum

M. erklärte mir die ideale Gesellschaft und wie man sie aufbauen müsse. Ich sagte: "Unsere Gesellschaft des Überflusses ist nur möglich, weil man Tiere auf brutale Art und Weise ausbeutet - und die Natur." Während ich das sagte, deutete ich auf die freie Natur um uns herum. "Irgendwann wird das kippen. Dann werden die Menschen hungern. Für ein Stück Brot, oder einen Teller Suppe werden sie einander umbringen."

Traum

Vor einer Gruppe gefährlicher Leute versteckte ich wichtige Papiere. Sie hatten große Macht und konnten ungestraft jemanden verschleppen, oder töten. Einer sagte, sie würden sich vier (oder acht) kleine Kinder holen. Jedes von einer anderen Ethnie, die Hälfte männlich und die Hälfte weiblich. Diese Kinder wollten sie wie ihre eigenen aufziehen und den Rest der Menschen wollten sie umbringen. Wahrscheinlich wollten sie durch die Kinder die genetische Vielfalt erhalten.

Traum

Ein Mann der wie ein normaler Mensch
aussah, wirkte gefährlich. Er war ein
Außerirdischer, der als erster die Welt
betrat.

Traum

Wir wurden von Außerirdischen angegriffen.
Alle waren auf der Flucht. Die Aliens waren
ganz nah, sahen die Menschen um uns,
bemerkten uns aber nicht. Einige Leute
meinten, sie würden nach Pakistan fliehen.
Ihnen gefalle zwar die dortige Lebensweise
mit Kinderehen und Vielweiberei nicht, aber
alles sei besser als das hier. Gerade ging
ein Pakistani an ihnen vorbei. Er lächelte
seltsam und sagte: "Dort sind sie auch!" Es
gab also kein Entrinnen. Die ganze Zeit
fragte ich mich, wieso niemand sich zur
Wehr setzte. Es war klar, dass sie die
Menschen vernichten wollten.

(Es wäre möglich, dass mit "Außerirdischen"
eigentlich Bakterien oder Viren gemeint
sind, die ja im Prinzip oft Außerirdische
sind, weil sie mit Kometen auf die Erde
gelangen.)

Traum

Eine kleine Gruppe Menschen wollte auf
einen anderen Planeten flüchten, oder tat
dies sogar.

73

Traum

Eine russische Wissenschaftlerin war von
einer Expedition zurückgekehrt.
Wahrscheinlich hatte sie Kontakt zu
Außerirdischen gehabt. Nun war die
Situation sehr gefährlich. Statt die Frau
zu isolieren, ließen sie sie herum gehen,
weil sie nicht wussten wie gefährlich das
war. Ein Mann der mit ihr in Kontakt kam,
wurde gleich danach auf eine Bahre gelegt
und weg getragen. Da gab es Hektik und
Angst, aber die Reaktion war zu schwach. Es
war zu spät. Alle die mit ihr Kontakt
gehabt hatten starben.

Traum

Ich sagte zu M., ich hätte schon wieder
einen Alptraum gehabt. Dieser Traum bezog
sich auf die Ausrottung der Menschheit.
Etwas war geschehen und das hatte den Traum
ausgelöst. Ich sagte, ich hätte doch den
Traum erzählt und wunderte mich, warum die
Menschen sich nicht danach gerichtet
hatten. Niemand hatte an diesen Traum
geglaubt. Das erwies sich nun als ein
großer Fehler. Dann dachte ich nach, ob
sich der Traum schon jetzt, also so früh,
erfüllen werde. Bisher dachte ich immer, je
größer das Ereignis sei von dem man träumt,
desto weiter liege es in der Zukunft. Nun
sah es aber anders aus. Es ging tatsächlich
los. Ich wollte nicht sterben und
unterhielt mich mit M. über das Wasser.
74

Anscheinend lag im Wasser die Gefahr. M.
meinte, wir würden ohnehin nur hier das
Wasser trinken. Es schien also doch eher
eine Seuche zu sein und weniger ein
Gemetzel. Die Leute wurden von einem grünen
Ausschlag befallen, wenn sie mit dem Wasser
in Kontakt kamen. Wahrscheinlich blieb ich
davon verschont.

Traum

Die ganze Menschheit wurde eliminiert, die
sich gerade vor einem großen
Entwicklungssprung befand. Wahrscheinlich
gelang es nur Einzelnen - wie uns - diesem
Schicksal zu entgehen.

Traum vom 14.4.2003

Jemand sagte: "Und deshalb mussten die
Menschen aussterben! Weil Frodo (?) nicht
konsequent genug war, gegen die
Außerirdischen zu kämpfen!"

(Manchmal verwendet ein Traum einen Namen,
welcher ihm bedeutsam zu sein scheint.
Frodo kämpft im Roman gegen die finsteren
Mächte. Zeitweise scheitert er fast, lässt
sich aber dann doch nicht unterkriegen.

NACHWORT

Die hier vorgestellten Träume beziehen sich zum Teil auf Ereignisse, die vermutlich erst in ferner Zukunft eintreffen werden. So fern vielleicht, dass wir Heutigen sie nicht in unserer derzeitigen Inkarnation erleben werden.

Ich glaube an Wiedergeburt und aus diesem Grund meine ich, wir könnten sie trotzdem erleben - in einem anderen Leben. Was bedeutet, dass sie für jeden Menschen in irgendeiner Weise bedeutsam sein könnten. Wir schaffen heute unsere eigene Zukunft von morgen. Durch das was wir machen und auch durch das was wir nicht tun. Es gibt zwar viele Ereignisse die sich nicht vermeiden lassen, weil die Natur sie schafft, aber sehr vieles verursachen wir selbst.

Gerade eben bin ich zu einer neuen - eigentlich uralten - Erkenntnis gekommen. Die Natur kennt kein GUT und BÖSE. Moral ist ihr fremd. Also gibt es weder Schuld noch Sühne. Nur Ursache und Wirkung.

Befreien wir uns von der fixen Idee, irgendwann, irgendwie büßen zu müssen. Unsere Aufgabe ist es, Fehler nicht zu wiederholen. Es besser zu machen als bisher. Wer nach Buße verlangt, nach Strafe im Jenseits, wird alles nur noch schlimmer machen.

Leben wir im Hier und Jetzt, lösen wir unsere Probleme auch hier und jetzt, dann sehen wir einer guten Zukunft entgegen. Wer die Zukunft kennt, kann sie ändern.

Zum Schluss etwas einfach nur zum Nachdenken.

Ich beende dieses Buch mit einem Traum, der mich bis heute beschäftigt. Denn ich habe ihn bisher nicht verstanden. Noch ist er mir ein Rätsel. Wer es lösen kann, erhält Macht über die eigene Zukunft.

Traum vom 14.9.2002

Ich begriff, dass alles was ich im Traum erlebte nur symbolhaft und nicht wirklich war. Deshalb löste sich alles auf und ich konnte es beeinflussen. Es war alles immer so, wie man glaubte dass es ist. Nicht so wie es wirklich ist.

Bücher von Maria Sand:

PSI-Traumsammlung 2000 - 2002 LULU

PSI-Traumsammlung 2003/2 LULU

PSI-Traumsammlung 2005/04 LULU

PSI-Traumsammlung 2006/07 LULU

PSI-Traumsammlung 2008/11 LULU

Studie paranormale Traumsammlung LULU

Mit dem Taumbewusstsein in Kontakt treten
LULU

Meine paranormalen Erlebnisse LULU

Illustrierte Traumsammlung LULU

Posthumus LULU

Die Intelligenz der paranormalen Träume
BoD

Ich habe bei jedem Traum das Wort "Traum"
davor geschrieben, um sie voneinander
besser abzugrenzen. Auch wenn ich das Datum
nicht immer dazu geschrieben habe.